FIM DE VERÃO

PAULO HENRIQUES BRITTO

Fim de verão

Companhia Das Letras

Copyright © 2022 by Paulo Henriques Britto

Grafia atualizada segundo o Acordo Ortográfico da Língua Portuguesa de 1990, que entrou em vigor no Brasil em 2009.

Capa
Kiko Farkas/ Máquina Estúdio

Preparação
Ana Alvares

Revisão
Marina Nogueira
Paula Queiroz

Dados Internacionais de Catalogação na Publicação (CIP)
(Câmara Brasileira do Livro, SP, Brasil)

Britto, Paulo Henriques
  Fim de verão / Paulo Henriques Britto. — 1ª ed. — São
Paulo : Companhia das Letras, 2022.

  ISBN 978-65-5921-180-7

  1. Poesia brasileira I. Título.

22-108643   CDD-B869.1

Índice para catálogo sistemático:
1. Poesia : Literatura brasileira B869.1

Cibele Maria Dias – Bibliotecária – CRB-8/9427

[2022]
Todos os direitos desta edição reservados à
EDITORA SCHWARCZ S.A.
Rua Bandeira Paulista, 702, cj. 32
04532-002 — São Paulo — SP
Telefone: (11) 3707-3500
www.companhiadasletras.com.br
www.blogdacompanhia.com.br
facebook.com/companhiadasletras
instagram.com/companhiadasletras
twitter.com/cialetras

Pain — has an Element of Blank —
It cannot recollect
When it begun — or if there were
A time when it was not —

It has no Future — but itself —
Its Infinite contain
Its Past — enlightened to perceive
New Periods — of Pain.

[A Dor — contém um Vazio —
Seu início desconhece —
Nem sabe se houve um tempo
Em que ela não houvesse —

Seu Futuro — é ela própria —
Seu Infinito é portador
De seu Passado — a perceber
Novos Domínios — de Dor.]

Emily Dickinson

Sumário

Anacruse, 9

Ao leitor, 10

Malgré soi, 20

Endoxa, 21

Sem fio, 22

Bucólica, 24

The road not taken, 25

Fotograma, 26

Sobre o real, 27

Apocrypha Parmenidis, 28

Bálsamo, 29

Água de rosas, 30

Våren, 37

Em abismo, 38

Pequena fábula, 39

Cosmogonia para todos, 40

Quatre nuits d'un rêveur, 41

Post mortem, 45

Três traduções e treze variações sobre um poema
de Emily Dickinson, 46

Díptico, 51

Vers de circonstance, 55

Oito sonetos entrópicos, 60

Fim de verão, 68

Quatro autotraduções, 83
Coda, 87

Sobre os poemas, 89

Anacruse

"Em sua mais recente coletânea
ele retoma os mesmos velhos temas,
e vê-lo equacionar esses problemas
gera uma admiração que é momentânea

e é só no plano intelectual —
pois o que temos é uma poesia
bem calculista, sarcástica, fria,
pobre em imagens, pouco musical,

presa ao prosaico; uma poesia chã,
indiferente ao que é sublime e nobre,
imune ao visceral, ao sentimento,

isenta de passado e de amanhã —
em suma, uma poesia rala e pobre,
que espelha a mesquinhez do nosso tempo."

Ao leitor

I

Se fosse o Ser quem fala no poema
eu calaria a boca, e é até possível
que o escutasse, um pouco. Sem problema;
seria, eu sei, um papo de alto nível.

Mas *esta* fala aqui — garanto — vem
de um mero estar, minúsculo, mortal,
prosaico e costumeiro, a voz de alguém
que embora sonhe no condicional

habita — na vigília — o indicativo,
e fala sempre, sempre, na primeira
e singular pessoa que está sendo

agora e aqui, como qualquer ser vivo
com o dom da palavra (a trapaceira),
tal qual faz quem me lê neste momento.

II

É assim: entre a palavra e a coisa em si
vigora uma espécie de acordo tácito
de convívio. Não há fusão aqui,
abolição de fronteiras: no máximo

um casamento branco, ou um contrato
(mesmo que nunca passado em cartório)
restringindo ao mais mínimo o contato
entre as partes, e tornando irrisório

e inofensivo o teor de real
que porventura seja detectado
no substantivo mais substancial.

E desse modo não corre perigo
nem mesmo o espírito mais delicado.
Leia até rebentar, leitor amigo.

III

Quem fala no poema é mais ou menos
quem assina — mais menos do que mais.
Versão simplificada, com pequenos
acréscimos e cortes colossais,

que é pra poder caber na pauta estreita
— pois haverá outro tipo de pauta? —
que foi — sabe-se lá por quê — eleita,
ou imposta — vá lá o termo, por falta

de uma expressão melhor — sabe-se lá
por quem, se for mesmo caso de quem
e não do quê. Quem sempre falará

no poema é uma voz eviscerada,
uma voz, na verdade, de ninguém,
ou — se não for caso de quem — de nada.

IV

É como uma sonata que Beethoven
não houvesse tido tempo de compor.
Música tão abstrata que os que a ouvem
não sabem se é música ou algo pior
ou melhor do que música, sintaxe
tão tensa que não dá margem a sentido,
como se o autor autista desprezasse
as exigências básicas do ouvido
e de um ou outro órgão da consciência.
Mas recusar-se a ouvi-la é solução
que não resolve nada. Com paciência
e empatia infinitas, desse "não"
se extrai um quase "sim", que mal se entende,
mas rima. Ainda que não exatamente.

V

Sofro dos nervos, como se dizia
antigamente — ou, mais antigamente
ainda, mergulho (mesmo de dia)
numa "noche oscura del alma" (ou "mente",

pra aliviar o peso asfixiante
de dois milênios de neura cristã),
estado em que a existência por um instante
(que às vezes dura toda uma manhã)

é um mal desnecessário, uma arrastada
(talvez interrompível) epopeia
sem herói — e que, no entanto, não é nada

que não se renda (quase) por completo
às armas novas da farmacopeia
ou ao rigor secular do soneto.

VI

É um som insignificante
esse que chega ao seu ouvido,
já ouvido muitas vezes antes —
um som sem nenhum atrativo
que, não obstante, se insinua
como se fosse a solução
definitiva e absoluta
do que nem é uma questão.
"Ah, velha música besta",
você comenta (ainda que mudo),
"eu que não caio mais nesta
paródia de máquina do mundo",
tomando nota, ao mesmo tempo,
no caderno de apontamentos.

VII

O ouro desta tarde — ouro nenhum
senão por obra de quem vê diante
de si, mais do que uma tarde comum,
um drama de vogais e consoantes —
se entrega por inteiro tanto a quem
o faz pano de prato de um domingo
modorrento e anêmico quanto a alguém
que o vê a se esvair, desmilinguindo
em tons e semitons (quando se lembra
que outra tarde, irmã desta, em ano outro,
já lhe rendeu o gêmeo do poema
que por um triz não diluiu o ouro
de agora na triste contrafação
de uma re-revivescida emoção).

VIII

Disso, também, tirar algo de sólido,
não uma conclusão, o que seria
querer demais, talvez, mas algo próximo
a isso, espécie de feitiçaria

que enterrasse de vez umas suspeitas
mais que suspeitas, liberando espaço
na consciência eternamente à espreita
do que já houve. E o tempo é tão escasso

quanto sempre. Nas circunstâncias, cabe
extrema parcimônia. Principal-
mente nas palavras. Nas quais se encontra

o pouco que se sabe. E o que se sabe
é pura e simplesmente, no final
das contas, tudo e só o que elas contam.

IX

Houvesse uma canção de se cantar
a qualquer hora, um canto de louvor
a tudo e todos, em ar, terra ou mar,
na dor mais crua e no mais cru amor,

e que dissesse sempre a coisa exata
em cada ocasião — nem mais, nem menos,
a conta certa — espécie de cantata
a proclamar aqui e agora, a plenos

pulmões, o aqui e o agora, a cada instante
e em toda parte, uma canção eufórica
que a todo ser humano elevaria.

Seria uma celebração constante.
A apoteose da pura retórica.
Uma canção totalmente vazia.

X

É a velha história de sempre,
com este ou aquele acréscimo:
você fingindo que entende,
sem entender um centésimo.

E no entanto segue em frente,
irresponsável, intrépido,
se entregando simplesmente
ao mero acaso e seu séquito

de implicações impensadas,
catando coisas bonitas,
chegando a uma espécie de termo.

Aí confere as pepitas
amealhadas. Não é nada,
não é nada — não é nada, mesmo.

Malgré soi

É estritamente pessoal
o que isto queira dizer,
por mais lógico e formal
o impulso que impele você

a encher de riscos o vazio
incômodo a sua frente.
O gesto pretende-se frio;
no entanto, seu rastro é ardente.

Perversidade sem trégua
de criado contra criador?
Ou então o vício da régua
condena a mão ao rigor,

porém seu poder vale nada
(ou é só sintonia fina)
junto à instância mais elevada
à qual a mão se subordina?

Endoxa

Do alto se enxerga mais longe,
mas tudo parece pequeno.
O remédio mais formidável
é o mais eficaz veneno.

Tudo foi equacionado
e nada foi resolvido.
Toda vida é partitura,
a morte toca de ouvido.

A dor mais feroz e funda
não admite expressão.
(Dizer isso num poema?
Melhor não.)

Sem fio

1.
Na língua floresce o poema
e dela só sai aos pedaços.
Se transportado a outro espaço
não é mais o mesmo o seu floema.

2.
The poem sprouts from its language
and cleaves to it: the two are one.
If cleft from its soil, it will languish;
its sap is no longer its own.

3.
Poema brota do idioma
e a ele adere feito craca.
Só sai de lá cortado a faca:
vira outro em outro bioma.

4.

A poem has roots in its tongue,
and clings to it like a barnacle.
Prized off, it will go along,
though no longer the real article.

5.

O poema à língua se aferra,
e dela só sai se arrancado.
Sair, sai; mas em pandarecos:
não é mais o mesmo artefato.

6.

The poem is fixed in its language:
to tear it out is sheer violence.
It will never survive the anguish
imposed by "poetic license".

7.

Preso a uma língua, o verso
é vítima de violência.
Eu, tradutor, o liberto
e lhe dou independência.

Bucólica

Ordenhar as vacas
menores, mais fracas,
mais magras do pasto,

que dão o leite ralo
com que me regalo.
Das gordas, me afasto:

a coisa que abunda
é nauseabunda,
rançosa, nefasta.

O escasso, no entanto,
cabe no meu canto
e basta.

The road not taken

Momento límpido,
momento túrgido
de gestos nítidos,
fatais, cirúrgicos —

decepcionei-te:
não te colhi.
Provei teu leite,
mas não bebi.

Segui em frente
covardemente.
Queimei meu crédito.

(A covardia,
em certos dias,
tem lá seu mérito.)

Fotograma

Fragilidade incontornável
que torna o breve precioso

e que se lê na flor da pele
por trás da qual se esboça o osso —

revelação ainda possível
num mundo inabitável (quase),

e que na paisagem inóspita
é o que há de mais próximo a oásis.

Sobre o real

Há motivos bem sérios para não
se acreditar em nada de específico,
quanto mais em geral. Pois se a razão
tem algum valor, é ponto pacífico

que conclusões geradas pela mente
só podem validar ulteriores
conclusões, porém rigorosamente
nada nas regiões inferiores,

menos nefelibatas, da suposta
realidade, em que as coisas têm peso
e consistência. Aqui tudo é uma aposta

mais ou menos às cegas. Sim. Bem-vindo
ao mundo do que há. Ficou surpreso?
É estranho? Assustador? Eu acho lindo.

Apocrypha Parmenidis

O fim de várias coisas se aproxima
neste momento. Eis uma afirmação
que é sempre verdadeira. E ainda por cima
óbvia. Mas as coisas mais óbvias são

as que mais costumamos ignorar,
por isso cabe repeti-las vez
após vez. Mais ou menos como o ar
que respiramos sem pensar. Talvez.

Por outro lado, o contrário é também
sempre verdadeiro. A cada segundo
algo começa, muitas vezes sem

ser visto. E quer termine, quer comece,
uma coisa anula a outra. No mundo,
sendo assim, nada jamais acontece.

Bálsamo

Seja hoje um dia igual a qualquer outro,
um dia besta, esvaziado e amorfo,

o tipo de data que é esquecida
antes mesmo de virada a folhinha,

e esteja você completamente imerso
neste dia, como um peixe dessas espécies

das regiões abissais, isentas de luz,
longe do ar e seus azuis,

que nas funduras de silêncio e noite
falta não sente do que nunca soube —

pois nesse dia insosso e timorato
esteja você, absorto, atarefado,

imune a tudo que é êxtase ou angústia.
Seja isso a sua vida. O seu mundo.

Água de rosas

I

Nem tudo que é entendido é perdoado.
Pouco se entende por que se perdoa
o seja-lá-o-que-for — desde que doa —
que ao ofendido foi imposto, ou dado.

Perdão é risco, um gesto improvisado,
um dar de ombros, um meneio à toa,
como se fosse coisa e não pessoa
o que é oferecido e negociado.

Perguntar não ofende: a transação
é das que implicam vantagens e perdas
pros dois, ou só um se dá bem no fim?

Difícil responder a essa questão.
A qual, sabe-se lá, pode até ser das
que pedem a resposta: "Ofende, sim".

II

Tentar de novo — é o que se quer —
mas com a clara disposição
de não chegar a qualquer
impossível solução.

Há método nessa aparente
forma de loucura mansa:
a meta é manter sempre
viva uma quase esperança

cônscia de que é bem pouco
provável realizar-se —
não por espírito de porco,
mas por amor ao disfarce:

há que fingir que se pensa
o impensável, por mais que custe
incutir essa incrível crença
no próprio autor do embuste.

III

A coisa começa de leve,
assim como quem não quer nada.
Só que quer tudo, e consegue.
É um jogo de cartas marcadas.

Você, porém, toma por certo
o prognóstico de ganhar;
você é forte, safo, esperto
e de todo imune ao azar.

Com gestos de profissional
você se entrega à partida.
Não é todo dia, afinal,

que lhe é oferecida
uma oportunidade tal
de pôr a perder sua vida.

IV

É como se fosse possível
deixar de sentir o sentido
se tão só se conhecesse
seu verdadeiro sentido,

como se a compreensão
daquilo que causa a dor
absolvesse por completo
o agente causador,

e a simples circunstância
de se ter consciência
conferisse o poder
de agir com ciência

plena do problema,
e resolvê-lo: ah, sim,
seria muito bom. (Pena
que não é assim.)

V

Quem nunca aprendeu a odiar
dilui seu fel necessário
e o distribui, subterrâneo,
por afetos vários.

Nessa nova condição
enfraquecida, raquítica,
o fel não tem eficácia
nas horas mais críticas

em que era bom ter à mão
uma droga poderosa:
ele vira simplesmente
água de rosas.

Porém naqueles momentos
mais doces e mais serenos
ele atua como um suave,
sutil veneno,

forte o suficiente
pra metamorfosear
o ouro de qualquer instante
em chumbo vulgar.

Essa alquimia às avessas
vira um hábito do espírito,
contra o qual não se conhece
antídoto.

VI

É viscoso, parece argila úmida,
promessa de forma — ou então vestígio
do que antes era forma e virou fumo
ou talvez espuma. É claro que é horrível,

e por isso não dá para não olhar,
ou olhar sem submergir numa montanha-
-russa de sentimentos. Ou então mar.
Você compreende (e ao mesmo tempo estranha

essa compreensão) que à sua frente
está o que foi desde sempre procurado.
Há que decidir. A massa está quente.
É desejo ou dejeto. Pense rápido.

Våren

("Primavera", de Edvard Grieg)

Em pleno tempo de finais
de repente volta à tona
um tema que remonta
a horas inaugurais,

negando as demarcações
entre uma e outra era,
como entre primaveras
e invernos — aliás, verões.

É sempre a mesma a melodia,
é o mesmo o seu fácil feitiço.
Entre esse remoto início
e o presente, outro elo haveria?

A mão, talvez, que num caderno
deixou um verso rascunhado
e agora o retoma, passados
cinquenta verões? Ou invernos.

Em abismo

Dias que escorrem pelo ralo adentro
deixando um rastro de espuma na pia
no fundo de uma cozinha vazia

num hipotético apartamento
num prédio ainda em construção
numa rua sem mão nem contramão

numa cidade num continente
traçado num mapa de espuma
em torno do ralo de pia nenhuma.

Pequena fábula

Lá fora estão as respostas
ao que ferve aqui dentro.
Mas uma vez saindo
— eu sei — nunca mais entro,

e se estou fora não há
pergunta a ser respondida.
Assim, não ouso sair,
e passo aqui dentro a vida

dando voltas e mais voltas
na trilha traçada no chão.
(Fora esse detalhe, o resto
é de fácil solução.)

Cosmogonia para todos

Num mesmo espaço, lado a lado,
entre um começo imemorável
e um fim inimaginável,

o vivido e o só desejado
se acotovelam, imiscíveis,
e de algum modo convivem,

formando um cosmo compacto
em que graus vários da existência
— da mais ostensiva presença

ao nada mais contrafacto —
compactuam na convicção
de que seguem em direção

a uma coisa qualquer, e não
(o que não é a mesma coisa)
a qualquer coisa.

Quatre nuits d'un rêveur

I

Sinto um sono mais que físico.
Dormida alguma o aplaca.
Contra ele, a cafeína
é pano diante da faca.

Sono que não se contenta
em pedir o horizontal,
porém clama a pulmões plenos
pela extinção radical

de tudo que não se oferta
como silêncio e armistício.
(Não é o fim que ele quer, mas
algo como o antes do início.)

II

Grito no meio da noite.

Pássaro de ferro e sombra,
forma exata da gana de haver asas,
ave voraz esgueirando-se entre escombros —

Grito do fundo do peito.

Pássaro espantoso do desejo
de carnes mornas, úmidas e tenras,
boas de rasgar com garras e dentes —

Ricto de dentes trincando gelo.

Pássaro nojento do medo.

III

Barulho medonho me impede o sono
(dentro do sonho). Então recorro
a uma droga potente e adormeço,
e enquanto durmo alucino
por um tempo que não meço.
Então desperto (dentro do sonho) e descubro
(Rip van Winkle bisonho)
que dormi meses e que tudo
está mudado neste outubro
e então acordo (fora do sonho).

IV

Alguém me chama lá fora
(ninguém que eu conheça
num lugar que nunca vi
(que ao mesmo tempo é aqui
nesta minha exata cama))
pedindo que eu desça agora.
Quem me chama
é um rosto bem conhecido
(mais oval do que redondo
(vejo pela janela aberta))
gritando um antigo apelido
que não tive jamais.
E quando por fim respondo
minha própria voz me desperta
e ninguém me chama mais.

Post mortem

As partes se afastam do todo.
Há um clima geral de suspeita.
Devia haver um outro modo,
mas agora a coisa está feita.

A peça veio com defeito
ou tudo foi um grande engodo.
Batata: serviço malfeito,
as partes se afastam do todo.

Isso hoje em dia é até comum.
Cada vez menos gente aceita
que um mais um mais um dê um.
Há um clima geral de suspeita

e total falta de respeito.
Quanto ao acúmulo de lodo,
bem, isso é só mais um efeito.
Devia haver um outro modo

que não usasse tanto plástico,
não é? Lá se vai a colheita.
É, havia um jeito não tão drástico.
Mas agora a coisa está feita.

Três traduções e treze variações sobre um poema de Emily Dickinson

"Faith" is a fine invention
When Gentlemen can *see* —
But *Microscopes* are prudent
In an Emergency.

(a)
A "Fé" é um ótimo invento
Quando *enxergamos*, Senhores —
Porém, numa Emergência,
Microscópios são melhores.

(b)
"Fé", Cavalheiros, funciona
Quando a gente enxerga bem —
Mas em caso de Emergência
Um *Microscópio* convém.

(c)
Quando se enxerga a contento,
A "Fé" é uma grande invenção —
Mas numa Emergência é prudente
Ter um *Microscópio* à mão.

1.
A fé é um invento prático
pra quem enxergar não deseja.
Em lugar do microscópio,
os antolhos de uma Igreja.

2.
A fé é um instrumento útil
pra pescar, tal como o anzol.
Também, como o polegar,
serve pra tapar o sol.

3.
A fé é um ótimo unguento
pra edulcorar as dores.
Sua unção mobiliza
um exército de pastores.

4.
A fé é um analgésico
de impacto forte e cabal;
embota, porém, a mente
como efeito colateral.

5.

A fé é uma ferramenta
que tem inegável mérito:
com ela, gasta-se menos —
por menos usá-lo — o cérebro.

6.

O microscópio revela
o real em sua minúcia.
Contra ele, ergue-se a fé
com sua estúpida astúcia.

7.

Sob o microscópio, a vida
pulula nua e inteira.
Mas vêm os senhores da fé
com suas folhas de parreira.

8.

A fé toma o microscópio
e logo lhe embaça a lente.
Voilà: pronto pro consumo,
o "design inteligente".

9.
Torna o microscópio visível
o que é infinitesimal.
É outro o poder da fé:
traveste de bem o que é mal.

10.
Os cavalheiros da fé
vendem nos templos seu ópio
como poderoso antídoto
contra o letal microscópio.

11.
Os cavalheiros, reunidos,
proclamam os prodígios da fé:
transubstancia vinho em sangue,
transmuta em nada o que é.

12.
A fé é uma faca cega
com fraco poder de corte.
Serve pra aparar (um pouco)
o pavor da morte.

13.
O prudente, com seu microscópio,
um dia morre, sozinho.
E o cavalheiro da fé?
— Morre igualzinho.

Díptico

I. LUZ BRANCA

No fundo da noite
uma luz se acendeu.

A luz não é sua,
nem foi por você
que ela por um instante
apagou o breu.

Num mundo possível
em que você não haja
(são muitos tais mundos,
como se deduz
com um simples cálculo),
brilharia exata,
pura e sem mácula,
essa mesma luz.

Mas você mergulha
e se banha nela
quase com orgulho
e a convicção
de que ela te pertença
tal como a janela

pela qual (você pensa)
ela entra.
(Só que não.)

II. WHITE NOISE

The pain's still there,
throbbing somewhere.
Burst at the seams,
it more or less
outlived its usefulness
but never budged.
(Or so it seems.
But who's to judge?)

If you listen past
tinnitus and traffic
you'll pick up a buzz,
grating and dull —
not quite the racket
that it once was,
but hardly a sound
to soothe or lull —
just standing its ground.

Pretend not to hear it,
dismiss it as static:
it never sleeps
or leaves you alone.

It can't be disowned.
It's yours, for keeps.

Vers de circonstance
(BRASIL, 2020)

I. IMUNIDADE DE REBANHO

A estupidez é sua própria recompensa.
  Graças a ela, o mundo faz sentido,
  um só, que é fácil de identificar.
E só o fácil satisfaz a quem não pensa.

Pensar é coisa trabalhosa. A ignorância
  é o sumo bem dos cidadãos de bem,
  é a verdadeira marca dos eleitos.
Ter sucesso é não ter que saber. Saber cansa,

e o objetivo central de qualquer existência
  só pode ser não se cansar. Olhai
as vacas do campo: não lhes faz falta a ciência,

  pastam em plena bem-aventurança,
sem que nenhuma antevisão do matadouro
  perturbe a santa paz da ruminança.

II. ZEITGEIST

Se te falta competência
pra amar, mas queres na vida
o condimento da paixão,
resta uma saída.

Pra quem nos duros embates
do amor jamais subiu ao pódio,
há um prêmio de consolação
bem fácil: o ódio.

O ódio dispensa a razão
e seus meandros sutilíssimos,
a lógica, a estética, a ética;
só requer o fígado.

O ódio leva a emoção
a seu mais extremo ápice
sem amante e sem amigo:
basta-lhe um cúmplice.

Abraça com força teu ódio,
faz dele um belo romance.
Eis uma vera paixão
a teu alcance.

III. *CONVERSATION PIECE*

It's neither here nor there — the sort of thing
that might as well remain untalked about
forever. Yes, but the moment you bring
it up for some reason, then the cat's out
of the bag, and everyone must take a stand
or else shut up and leave. Which is precisely
what you're inclined to do. On the other hand,
as someone (who?) once put it rather nicely,
"they also serve who only sit and wait"
(or was it "stand"?), and so you might as well
stay where you are. By now it's far too late
to take back what you said. You'd have to yell
just to get heard. The point's easy to miss.
And things could hardly get much worse than this.

IV. ELEGIA DO EDIFÍCIO ABAETÉ

Todo telefone é terrível.
Armando Freitas Filho

Quem me ouviria, se eu gritasse agora
do fundo deste apartamento insone?
Alguém — mas não um anjo — sem demora
havia de chamar pelo interfone.

Tendo eu tranquilizado meu vizinho
com uma ou outra explicação plausível,
a paz retornaria ao condomínio.
(Todo silêncio é terrível.)

Oito sonetos entrópicos

I

Deixar de ser é coisa natural,
como é natural ser. Pensando bem
(ou só pensando, seja bem ou mal),
o que haverá de natural, porém,
em ser o que se é, e não ser, apenas?
Não haverá um toque de artifício
implícito em escamas, pelos, penas,
nos ossos que sustentam o edifício
todo, na fome que impele essa máquina
furiosa e cega, essa goela ávida,
em direção a seu estado final,
que é como o do silício, ou do feldspato,
de tudo que *é* só no sentido lato,
fraco, de ser — *este*, sim, natural?

II

You've been here before, more than once. And look
what came of it. Well, there's nothing so awful
but you can't make it worse. And all it took,
the last few times, was what — if you're not careful
(and when have you ever been?) — could take you right
back to square one. And this, conceivably,
might not be bad for you; in fact, it might
turn out to be an opportunity
for someone eager for a second chance,
not unwilling to run a risk or two,
to face whatever the music, and dance.
Someone quite unlike you. You being you,
it's not too hard to guess what happens next.
Your life's an open book. A well-thumbed text.

III

Podar as que ainda restam — expectativas
que, sabe-se lá como, deram um jeito
de sobreviver, mais ou menos vivas,
à imolação das ilusões. Bem feito —
é o pensamento cruel reservado
pra esta hora dura e inabitável.
Quem mandou ousar o plano abusado
de uma felicidade inaceitável
pra esses deuses sequiosos de vingança
que nos invejam, com ódio, a existência?
E se até a mais mínima esperança
pra esses putos for uma insolência?
Não espere coisa alguma. Jogue limpo.
Todo cuidado é pouco com o Olimpo.

IV

Not much time left, it seems. But never mind:
it could have been much worse, though it was bad
enough. The worst, one knows, one may yet find,
is yet to come. Maybe one should be glad
one's come this far and still can tell the not-
so-obvious difference between a throw
of dice and words or acts carefully thought
out to bring about desired results, though
in many cases the dice would have done
less harm to all parties involved. But surely
it's not just the results that matter? one
wonders. Who knows, it might just be too early
to know, too many stones still left unturned,
even if by now one's ships have all been burned.

V

O privilégio é concedido apenas
aos que não o querem, nem precisam dele.
O transgressor está sujeito às penas
impostas aos que têm amor à pele
mas mesmo assim se deixam esfolar.
Injusto? Mas quem disse que justiça
faz parte da mobília do lugar?
Aqui, a mão que acende o fogo e o atiça
é a mesma que depois despeja o balde.
Ilógico? Talvez. A realidade
pouco se importa com esses seus escrúpulos.
E quem mandou você subir no palco
mesmo sabendo que o texto era fraco?
Não decepcione o respeitável público.

VI

No time to lose. (And, clearly, none to save.)
The thing to do is spend it — wisely, yes
(whatever that's supposed to mean). You have
how many more to go? Anyone's guess,
yours included (but yours is likely tainted
with wishful thinking). And as to days past —
desolate waste of childhood, youth of sainted
memory — all in all, wise is the last
label you'd want to stick on them. So why
should days to come be any different?
No time to waste telling yourself a lie.
Don't fool yourself: time spent is time *mis*spent,
all else is wistful mindlessness. (Don't fret:
this just might be as wise as you can get.)

VII

Não pode ser tão complicado assim.
Porque afinal de contas não é mais
que o fechar de uma conta, mais um fim
numa longa sequência de finais
felizes ou não. — Não, não pode ser
mais difícil que um dos muitos começos
a que se conseguiu sobreviver
quase inteiro, sem maiores tropeços.
E não é muito pior estar no meio
de tudo, sem o glamour dos inícios
e o frisson dos finais, diante do feio
e abissal dia a dia, com seus vícios
banais? O fim — em verdade vos digo —
é prêmio muito mais do que castigo.

VIII

Some kind of trick that time has pulled on you.
Unfair, you think. But there you're wrong, although
so many others feel the way you do.
You feel shortchanged. You're right, as these things go,
but they don't go as far as you might think,
though "think" is not quite the word. It's more a matter
of vague perceptions, innuendos, ink-
lings. No, it isn't getting any better —
you've got *that* right. But what did you expect?
You know the fancy names, like "entropy",
but names do nothing for your self-respect
or other parts of your anatomy.
You can't complain. You've had your time, and used it.
The last chair has been taken. No more music.

Fim de verão

I

Luz de final de tarde de um verão
que não quer acabar, como uma vida
a alongar-se além de toda razão
de viver, como rua, ou avenida,

que ultrapassa os limites da cidade
e vai seguindo, em meio a ferros-velhos
e terrenos baldios que o mato invade
e ninguém liga, ou como dois espelhos

emparelhados, refletindo mil
imagens sempre iguais, uma menor
que a anterior, de um espelho vazio —

final de tarde, uma agonia lenta
depois de mais um dia de calor
deste verão que já ninguém aguenta.

II

O som da chuva de algum modo faz
pensar em algo que não tem a ver
com chuva — coisa de anos atrás,
uma lembrança boa, de um prazer

agora transformado em seu oposto
pelo passar do tempo, ou simplesmente
por não ter sequer existido, e o gosto
amargo, embora bom, que você sente

é como um ressaibo das duas vidas
suas, a que foi de fato vivida
e a que não foi. Isto é o que você cheira,

o gosto forte na sua boca é disto,
não da chuva lá fora. (Pelo visto,
vai chover sem parar a noite inteira.)

III

É a hora inevitável do crepúsculo,
e não se decidiu coisa nenhuma
sobre nada. Ninguém moveu um músculo
nem disse nada de substância. Em suma,
ainda estamos no lugar exato
do qual partimos — digo, de que *não*
partimos. Há que aceitar este fato
desagradável. Mas não há razão
pra entrar em desespero, pois daqui a
doze horas, mais ou menos — se tudo
correr bem — há de vir um novo dia,
com seu devido e farto conteúdo:
mais de quarenta mil segundos. Tanto
assim! E agora é noite. Por enquanto.

IV

Não pensar. Não ter que pensar. Deixar
que a noite seja noite e o dia, dia.
Atingir a transparência do ar.

Abandonar velhos gestos mentais
que se enquistaram em cristais de mania.
Não pensar em pensar em pensar. (Mas

essa constatação original,
levada às derradeiras consequências,
já interrompeu o processo que mal
havia começado. Há providências

a tomar. E logo rompe-se a corda,
encerra-se o silêncio, o ar se inflama.
Não há mais, entre dia e noite, borda
nítida: viraram nuvens. Ou lama.)

V

Fenda que se infiltra na textura
da presença real e concreta
por todo o momento que ela dura,

farpa imperceptível que alfineta
a bolha vistosa do presente
produzindo uma geleia abjeta

que não se vê, porém se pressente
como uma falta, como a impressão
de não se estar de todo presente

precisamente ali onde não
seria possível não estar.
Falha que recusa solução.

(Não se mova. Aqui é o seu lugar.)

VI

Chega-se a um ponto em que as coisas assumem
exatamente a proporção do como
se ofertam aos sentidos, num resumo
despido de adjetivos e sinônimos.

Não que se trate de uma recompensa
por ter sobrevivido: é só o cansaço
da velha máquina da consciência,
há tanto tempo a encadear pedaços

de desejo, os tratando como tantos
simulacros no mínimo sofríveis.
Um dia uma engrenagem leva a breca,

se solta, ou prende, ou quebra, e todo o meca-
nismo trava: — Enfim, os substantivos.
(Já o novo modelo está funcionando.)

VII

Eis que acabou o tempo dos inícios,
tendo durado o exato suficiente
pra formação do hábito (ou vício)
de habitar não um mísero presente,

mas um futuro sempre a exigir
rigorosíssimo planejamento,
até que se escute a ficha cair:
o tempo se esgotou.

Chegou o momento
de enfim viver conforme o planejado,
ou então — se o plano não ficou pronto —
de se pôr todo o projeto de lado

e, improvisando cada gesto e passo,
rodar em círculos, perplexo, tonto,
a repetir o mantra: "Eu sei o que faço".

VIII

Se for por isso, só por isso, então
melhor não ser, não ter sido, melhor
não aspirar nem mesmo à condição
da música, de seja lá o que for —
melhor não passar de um vago projeto
irrealizável, e nunca adentrar
o espaço entre o chão do óbvio e o teto
do ininteligível, bebendo o ar
rarefeito do mundo da linguagem
sem compromisso com nada que incorra
no ser engolido pela engrenagem
do mundo do que é úmido e mortal.
Ficar no âmbito do mineral,
de tudo que não vive. Que não morra.

IX

There's no way out, for sure. But then again
it didn't seem as if one could get in.

Deception is as likely now as ever,
in this as in any other endeavor.

Why should you trust appearances this time?
Circumstances are pretty much the same,

and you — by all accounts, not least your own —
are still the selfsame self you've always been.

A bit more wary? All the reason more
why you should take the facts just as they are

perceived — first glance, best glance, to coin a phrase.
The rest is silence, or — if you will — noise.

X

Rejeitar o que mais se deseja
é o remédio mais certo e seguro
contra a vida e o que mais nela esteja.

Só que a vida, tolhida, amputada,
mesmo entrando num curto-circuito
nem por isso se esgarça no nada:

num deserto de móveis decrépitos,
mofo e lixo, ela insiste, insinua-
-se nas fendas, aferra-se aos restos

que o desejo largou em seu rastro.
O remédio, portanto, não cura.
Seu efeito final é nefasto:

pois a coisa que se rejeitou
ainda fresca retorna corrupta,
e com toda a feiura e o fedor

tem que ser abraçada e engolida.
Foi pior o remendo que o furo.
Esvaiu-se na merda uma vida.

XI

Não é exatamente a coisa procurada,
mas é um achado, sim, em bem mais de um sentido.
O ouvido ouve, o olho vê, os dedos
tentam, tateiam, e não sentem nada.

Talvez seja o melhor possível nessa altura
(na verdade, bem íngreme) dos acontecimentos.
Acha dois pouco? Ousar é permitido?
Mas não é ousar demais, criatura?

Você acha que não. — Está no seu direito,
isso não se discute. Mas se disposição
não falta, vai fundo. Arrependimento,
só quando não der mais pra ser desfeito.

É o momento que pode mudar toda uma vida
(a menos que ela fique tal qual estava antes).
Olhos e ouvidos. Esquece essa mão
e suas exigências desmedidas

de textura, de peso, essas coisas que agora
são luxo. Viva só os próximos instantes.
(Pretensão demais querer uma hora.)

XII

Dormir um sono de ninguém,
qual rosa de Rilke (ou Cartola),
um sono sem palavras, sem
a precária caranguejola

da consciência, a oferecer
esses placebos peçonhentos
em quem a obrigação de ser
pespega tamanhos tormentos

que inspiram a ideia chinfrim,
francamente ignominiosa
(mas tentadora, mesmo assim)
de reencarnar-se numa rosa.

XIII

Era o momento? Era. Foi. A hora
exata só se sabe quando já
passou. O tempo nunca se demora
demais. E tudo que acontece está

certo a priori, por definição.
O destino se escreve a posteriori.
A realidade sempre tem razão,
atroz que seja, por mais que piore.

Já o que se esquece deixa de ter sido.
É como uma borracha vindo atrás
do lápis, conservando uma distância

respeitosa, sempre com a mesma ânsia
de apagar. Tinta ou lápis. Tanto faz.
Escreve. Isto também será esquecido.

XIV

A noite total tarda a chegar:
aproveite-se a luz que há.

É um lume sensato, difuso,
que não dissipa o lusco-fusco

porém o disfarça e matiza,
atenuando o tom de cinza

com laivos quase sinceros
de azul, vermelho e amarelo,

proporcionando às retinas
já habituadas à rotina

de emprestar às sombras de agora
tons subtraídos da memória

uma oportunidade tardia
de gozar um quase dia.

Quase, sim: melhor do que nada,
melhor que o nada.

XV

É tempo de colher
o que ninguém queria ter plantado,
só que plantou, querendo ou não.

Como chegamos a este estado?
Seria bom saber,
com a condição

de que o saber tivesse o condão
de exumar o passado
e o reescrever —

o que não vai acontecer
senão no pátio da obsessão,
lá do outro lado

do muro intransponível do querer
sem resultado
nem solução.

Só o gesto resignado
de estender
a mão.

Quatro autotraduções

I. (DÍPTICO, I)

WHITE LIGHT

Deep inside the night
a sudden light.

Not for you
does this spark
for just a while
blot out the dark.

In a possible world
where there's no you
(there are more such worlds
than you could calculate)
it would still shine
immaculate
and just as bright.

And yet you plunge
headlong into it
like it belonged
to you —
this light streaming

(you're certain)
through your window
past your curtain.
(You're wrong.)

II. (DÍPTICO, II)

RUÍDO BRANCO

A dor continua
e ainda lateja.
Totalmente cheia,
ela já não tem
qualquer finalidade,
porém permanece.
(É o que parece.
Garantir, quem há de?)

Há o trânsito, há o zumbido
constante dentro do ouvido
e há um som terceiro,
áspero, metálico,
soando o tempo inteiro —
não o esporro de antes,
só uma música tensa,
insistente, angustiante —
marcando presença.

Toma a atitude prática
de fingir que é só estática:
o som não dá intervalo
e não te deixa em paz.
Inútil renegá-lo.
É teu, pra nunca mais.

III. (FIM DE VERÃO, IX)

Não há saída. Mas lembre: este lugar
parecia impossível de se entrar.

É bem provável que você se engane
redondamente, agora como antes.

Por que confiar nas aparências
se são como sempre as circunstâncias?

Também você, no cômputo geral,
ao que parece, continua igual.

Mais desconfiado? Mais motivo, então,
pra tomar os fatos tais como eles são

(por você, por exemplo) percebidos.
O resto é silêncio. Ou, talvez, ruído.

IV. (UMA DOENÇA, II)

The world is out of kilter.
Things don't seem to fit
this flimsy frame of mind.

Consciousness wavers a bit,
a china cabinet askew.
A clearly counterfeit edge

rings each thing around you.
The world needs a wedge,
a slender wooden sliver.

Coda

Toda vida é provisória,
todo poema é fragmento.
Cada dia, cada hora,
cada verso é só um momento

de alguma totalidade
que você sequer concebe.
Viva e escreva e não se abale.
Você não é o que você escreve.

Sobre os poemas

Alguns dos poemas deste livro foram publicados anteriormente:

"Uma doença (ɪɪ)" é a versão inglesa de poema originalmente publicado em *Tarde*. São Paulo: Companhia das Letras, 2007.

Uma versão anterior de "*Vers de circonstance*" foi apresentada no projeto on-line Poesia-Contágio, organizado por Claudia Roquette-Pinto e Paulo Sabino, em julho de 2020.

"Sem fio" foi divulgado em *Fanzine* 210-2, em junho de 2021, publicação eletrônica portuguesa editada por Francisco José Craveiro de Carvalho e Joana Costa.

"Ao leitor (ɪ)" foi publicado pela primeira vez com o título "Ao leitor" em *Medida do silêncio: uma antologia comemorativa*. São Paulo: Companhia das Letras, 2021.

"Fim de verão (xɪv)" foi publicado pela primeira vez na revista eletrônica *Gueto*, em 12 de novembro de 2021, a convite de Tito Leite.

"Anacruse" e "Coda" foram publicados pela primeira vez na revista eletrônica *Bunker*, em abril de 2022, a convite de Mário Alex Rosa.

A série "Três traduções e treze variações sobre um poema de Emily Dickinson" foi publicada pela primeira vez na revista *Cult*, em abril de 2022, a convite de Adalberto Müller.

O autor agradece a revisão cuidadosa de Alice Sant'Anna e Carolina Falcão, bem como as leituras, as sugestões e os esclarecimentos de Charles Perrone, Victor Squella e Antonio Cicero.